ATIVIDADES

APRENDIZAGEM

LÍNGUA PORTUGUESA

- Leitura
- Estudo da língua
- Oralidade
- Escrita

Organizadora: SM Educação
Obra coletiva concebida, desenvolvida e produzida por SM Educação.

São Paulo, 2ª edição, 2022

Aprendizagem Língua Portuguesa 4
© Edições SM Ltda.
Todos os direitos reservados

Direção editorial Cláudia Carvalho Neves
Gerência editorial Lia Monguilhott Bezerra
Gerência de *design* e produção André Monteiro
Edição executiva Isadora Pileggi Perassollo
Edição: Ieda Rodrigues
Suporte editorial: Fernanda Fortunato
Coordenação de preparação e revisão DB Produções Editoriais
Colaboração editorial Priscila Ramos de Azevedo
Coordenação de *design* Gilciane Munhoz
Coordenação de arte Melissa Steiner Rocha Antunes
Edição de arte: Juliana C. S. Cavalli
Coordenação de iconografia Josiane Laurentino
Pesquisa iconográfica: Camila D'Angelo e Marcia Sato
Tratamento de imagem: Marcelo Casaro
Capa Casa Rex
Projeto gráfico DB Produções Editoriais
Editoração eletrônica DB Produções Editoriais
Pré-impressão Américo Jesus
Fabricação Alexander Maeda
Impressão Forma Certa Gráfica Digital

Dados Internacionais de Catalogação na Publicação (CIP)
(Câmara Brasileira do Livro, SP, Brasil)

Aprendizagem língua portuguesa 4 : atividades / organizadora SM Educação ; obra coletiva concebida, desenvolvida e produzida por SM Educação. — 2. ed. — São Paulo : Edições SM, 2022. — (Aprendizagem língua portuguesa)

ISBN 978-85-418-2768-3 (aluno)
ISBN 978-85-418-2769-0 (professor)

1. Português (Ensino fundamental) I. Série.

22-110313   CDD-372.6

Índices para catálogo sistemático:
1. Português : Ensino fundamental 372.6

Cibele Maria Dias - Bibliotecária - CRB-8/9427

2ª edição, 2022
2ª impressão, 2022

SM Educação
Avenida Paulista, 1842 – 18º andar, cj. 185, 186 e 187 – Condomínio Cetenco Plaza
Bela Vista 01310-945 São Paulo SP Brasil
Tel. 11 2111-7400
atendimento@grupo-sm.com
www.grupo-sm.com/br

APRESENTAÇÃO

Querido estudante, querida estudante,

A coleção **Aprendizagem Língua Portuguesa** foi elaborada para você pôr em prática seus conhecimentos da língua e se tornar competente para ler e produzir textos.

Para isso, ao longo dos estudos com os livros desta coleção, você será capaz de praticar a leitura de diferentes textos e elaborar suas próprias produções textuais.

Por meio de atividades variadas, será possível retomar, quando necessário, e aplicar os conteúdos sobre as regularidades e o funcionamento da língua portuguesa.

A coleção apresenta, ainda, propostas para você aprimorar seu desempenho em situações de comunicação oral.

Desejamos que este material contribua muito para sua formação.

Bons estudos!

Equipe editorial

SUMÁRIO

MÓDULO 1
- **LEITURA** 6
  - Instrução de brincadeira 6
- **ESTUDO DA LÍNGUA** 9
  - Artigo e numeral 9
- **ESTUDO DA LÍNGUA** 12
  - O plural das palavras terminadas em *l* e *u* 12
- **ORALIDADE** 15
  - Instrução de brincadeira 15

MÓDULO 2
- **LEITURA** 16
  - Texto dramático 16
- **ESTUDO DA LÍNGUA** 19
  - Variedade linguística 19
- **ESTUDO DA LÍNGUA** 21
  - Concordância 21
- **ORALIDADE** 24
  - Texto dramático 24

MÓDULO 3
- **LEITURA** 25
  - História em quadrinhos 25
- **ESTUDO DA LÍNGUA** 29
  - Porque, por que, por quê 29
- **ESTUDO DA LÍNGUA** 31
  - Substantivo: simples e composto 31
- **ESCRITA** 34
  - História em quadrinhos 34

MÓDULO 4
- **LEITURA** 35
  - Entrevista 35
- **ESTUDO DA LÍNGUA** 38
  - Pronome pessoal e pronome possessivo 38
- **ESTUDO DA LÍNGUA** 41
  - Pontuação e expressão 41
- **ORALIDADE** 44
  - Entrevista 44

4 QUATRO

MÓDULO 5

LEITURA 45
　Conto maravilhoso 45
ESTUDO DA LÍNGUA 48
　Mal e **mau**, **mas** e **mais** 48
ESTUDO DA LÍNGUA 51
　Encontro vocálico 51
ESCRITA 53
　Conto maravilhoso 53

MÓDULO 6

LEITURA 54
　Notícia 54
ESTUDO DA LÍNGUA 57
　As letras **s** e **z** 57
ESTUDO DA LÍNGUA 59
　Aposto 59
ESCRITA 62
　Notícia 62

MÓDULO 7

LEITURA 63
　Carta de reclamação 63
ESTUDO DA LÍNGUA 66
　Vocativo 66
ESTUDO DA LÍNGUA 69
　Palavras terminadas em **-ez/-eza**, **-ês/-esa** 69
ESCRITA 71
　Carta de reclamação 71

MÓDULO 8

LEITURA 72
　Artigo de divulgação científica 72
ESTUDO DA LÍNGUA 75
　Acentuação das paroxítonas 75
ESTUDO DA LÍNGUA 78
　Pontuação: uso da vírgula 78
ESCRITA 80
　Artigo de divulgação científica 80

MÓDULO 1

LEITURA

Instrução de brincadeira

Há algumas brincadeiras de criar histórias divertidas. Você conhece alguma?

O texto a seguir ensina as regras de uma brincadeira bem conhecida de criação de histórias. Leia para aprender.

Criação de histórias divertidas

Número de participantes: de quatro a seis.

Materiais: uma caixa, um dado, vinte pedaços de papel, lápis ou caneta.

Objetivo da brincadeira: criar histórias divertidas e criativas.

Antes de iniciar, todos os participantes devem escrever substantivos nos pedaços de papel, dobrá-los e colocá-los dentro da caixa.

Como brincar

1. Cada participante deve pegar três palavras da caixa.

2. Na sequência, cada um deve escolher um número de 1 a 6. Não poderão ser escolhidos números iguais, pois cada participante será representado por um número.

3. Joguem o dado. O número que cair indica quem deve começar a história.

4. O participante que for sorteado deve iniciar a história, incluindo nela uma das três palavras. A palavra que foi usada deverá ser descartada.

5. O participante que iniciou a história lança o dado, e o número sorteado indica a pessoa que vai continuar a narração.

6. Quem não conseguir continuar a história sai da brincadeira, e o dado deve ser lançado novamente para que outro participante seja selecionado.

7. O objetivo da brincadeira é não deixar a história acabar.

Mesmo que seja difícil encaixar uma das palavras sorteadas no enredo, ninguém poderá passar a vez.

8. Vence quem ficar primeiro sem palavras para usar na brincadeira.

Elaborado para fins didáticos.

Estudo do texto

1. Você leu um texto instrucional. Para que servem textos como esse?

_____

_____

2. A quem se destinam as instruções dessa brincadeira?

_____

_____

3. Quantas pessoas podem participar dessa brincadeira?

_____

4. Qual é a função do dado na brincadeira?

_____

_____

_____

5. Caso falte algum dos materiais listados, qual deles não impede a realização da brincadeira?

☐ pedaços de papel

☐ dado

☐ caixa

☐ lápis ou caneta

6. Por que a parte do texto intitulada "Como brincar" apresenta números em uma ordem?

_____

_____

7. Suponha que algumas crianças queiram brincar sem seguir a ordem das instruções. O que vai acontecer?

_____

_____

8. Releia algumas instruções.

> **4.** O participante que for sorteado **deve iniciar** a história, incluindo nela uma das três palavras. A palavra que foi usada **deverá ser descartada**.
>
> **5.** O participante que iniciou a história **lança** o dado, e o número sorteado indica a pessoa que **vai continuar** a narração.

a) O que as palavras destacadas indicam a quem está aprendendo a brincar?

_____

_____

b) Essa forma de se dirigir ao leitor é mais apropriada porque a função do texto é:

☐ divertir.

☐ contar um fato.

☐ instruir, orientar.

9. O que acontece com o participante que não conseguir continuar a história?

_____

_____

10. As histórias criadas serão sempre iguais? Por quê?

_____

_____

_____

11. Imagine que você vai brincar com seus amigos a brincadeira de histórias divertidas e deve escrever três palavras nos pedaços de papel que serão colocados na caixa. Quais palavras você escreveria? Lembre-se de que elas podem definir o tema da história. Escolha, então, palavras que tenham a ver com um tema de seu interesse.

_____

_____

8 oito

ESTUDO DA LÍNGUA

Artigo e numeral

1. Releia um trecho da instrução de brincadeira.

> O participante que iniciou a história lança o dado, e o número sorteado indica a pessoa que vai continuar a narração.

Complete o quadro copiando os artigos que aparecem no trecho e os substantivos que os acompanham.

Artigos	Substantivos

2. Leia as frases e assinale as alternativas corretas.

> I. A menina leu **uma** história.
> II. A menina leu **a** história que tanto queria.

☐ Em **I**, a palavra destacada dá a ideia de uma história qualquer.

☐ Em **II**, a palavra destacada dá a ideia de uma história qualquer.

☐ Em **I**, a palavra destacada dá a ideia de uma história especial.

☐ Em **II**, a palavra destacada dá a ideia de uma história especial.

nove 9

3. Nas frases a seguir, circule o substantivo relacionado ao artigo destacado.

a) **O** pai deu mamadeira ao bebê.

b) **Um** garoto pegou o jornal.

c) **Uma** mulher pintou a parede.

d) **O** participante sorteado deve iniciar a história.

e) **A** história criada pela turma é muito divertida.

4. Agora, passe para o plural as frases da atividade anterior.

a) _____

b) _____

c) _____

d) _____

e) _____

5. Marque um **X** na frase que apresenta apenas **artigos definidos**.

☐ O garoto viu um amigo chorando.

☐ A garçonete carregou os copos e a jarra.

☐ A professora pediu um favor aos estudantes.

6. Marque um **X** na frase que apresenta apenas **artigos indefinidos**.

☐ A professora escolheu umas crianças para ler a história.

☐ A veterinária doou um gato e um cachorro.

☐ Um homem e uma mulher marcaram um encontro.

7. Releia outro trecho do texto.

> O participante que for sorteado deve iniciar a história, incluindo nela **uma** das **três** palavras. A palavra que foi usada deverá ser descartada.

As palavras destacadas nesse trecho são classificadas como:

☐ substantivos ☐ artigos ☐ numerais

8. Releia a instrução de brincadeira. Além da parte "Como brincar", quais outras partes do texto apresentam numerais?

_____

_____

9. Sublinhe os numerais nas frases a seguir.

a) Meus dois irmãos nasceram em 2010.

b) Existem mais de 620 animais em extinção no Brasil.

c) Para brincar de "Criação de histórias divertidas", convide de quatro a seis participantes.

d) João foi o primeiro jogador.

e) Carolina ganhou dois cadernos e duas canetas.

10. Leia as frases e responda às questões.

> I. **Um** estudante leu a história para a turma.
> II. A professora escolheu apenas **um** estudante para ler a história.

a) Em **qual frase** a palavra destacada dá a ideia de um estudante qualquer?

_____

b) Em qual frase a palavra destacada dá a ideia de quantidade?

_____

c) Na frase **I**, a palavra destacada é um artigo ou um numeral? E na frase **II**?

_____

11. Crie uma frase que tenha um artigo e um numeral.

_____

_____

onze 11

ESTUDO DA LÍNGUA

O plural das palavras terminadas em l e u

1. Leia um trecho de um poema sobre o Curupira, famosa personagem do folclore brasileiro.

O Curupira

Seu Curupira, dono da mata,
como é, como é você?
Quem já viu o Curupira
cai sempre em contradição:
uns falam que ele é gigante,
outros, que é um curumim
e outros, que é um anão.
Uns falam que ele se mostra,
outros dizem que se esconde
bem dentro do breu da noite.
Mas ninguém duvida, jamais,
que o Curupira protege
as matas e as florestas
e é o senhor dos animais.

Elias José. *Cantos de encantamento*. Belo Horizonte: Formato, 1996. p. 12.

a) Você já conhecia a lenda do Curupira?

_____

b) O que o Curupira protege?

_____

_____

2. Releia este verso do poema.

e é o senhor dos **animais**.

a) Escreva, no singular, a palavra destacada.

_____

12 doze

b) Agora, leia em voz alta estas palavras.

breu   animal

- O que você observa quanto ao som final dessas palavras?
_____

- E quanto à escrita da última letra nas palavras?
_____
_____

c) Passe para o plural a palavra **breu**:
_____

d) Agora, observe as duas palavras no plural.

breus   animais

- O plural dessas palavras é formado da mesma maneira? Explique.
_____
_____

3. Escreva no plural as palavras que nomeiam estes objetos.

_____   _____

_____   _____

4. Releia as respostas dadas na atividade anterior e responda: Como se forma o plural de palavras terminadas em **ol** e **el**, como **anzol** e **carretel**?

_____
_____

treze 13

5. Identifique as figuras e encontre o nome delas no diagrama.

```
A J O R N A L D T M H
P A L Q S A T K O D C
H W C K H F N G Q L A
O L B I X U J M Y E R
T B A V E N T A L C R
E M R N V I E W X R E
L J R K F L R L G I T
D L I S L F B L J G E
I H L E C A R A C O L
A L U F P Y U Z U Z O
C K L V P I N C E L B
```

6. Escreva no plural as palavras que você encontrou no diagrama da atividade anterior.

_____

_____

7. Pesquise palavras terminadas em **ℓ** e em **u**, em jornais e revistas, e escreva uma lista no espaço a seguir.

Palavras terminadas em u	Palavras terminadas em ℓ

8. Agora, escreva no plural as palavras da atividade anterior.

Plural das palavras terminadas em u	Plural das palavras terminadas em ℓ

14 catorze

ORALIDADE

Instrução de brincadeira

As instruções de jogos e brincadeiras têm a função de orientar alguém na realização de um jogo ou brincadeira, como é o caso do texto que você leu na seção *Leitura*.

Agora, é sua vez de ensinar uma brincadeira. Para isso, você gravará um áudio apresentando ao professor o material necessário e as instruções que devem ser seguidas para a brincadeira dar certo.

Antes de gravar o áudio, siga as orientações.

Planejamento

1. Você conhece alguma brincadeira infantil do tempo em que seus pais ou avós eram crianças? Que tal conversar com eles e perguntar como era essa brincadeira?

2. Anote em uma folha de papel o nome da brincadeira e o modo de brincar.

3. Para facilitar a compreensão, organize o modo de brincar em uma sequência numerada. Não se esqueça de acrescentar o número de participantes e os materiais necessários para a brincadeira.

4. Verifique se todas as etapas são necessárias para brincar corretamente. Caso tenha anotado alguma etapa que pode ser descartada, reescreva o texto. Lembre-se de que todas as orientações devem ser comunicadas com muita clareza, para que não haja nenhuma dúvida.

Gravação

1. Ensaie várias vezes até achar que a apresentação está pronta para ser gravada. Capriche na pronúncia das palavras e no tom de voz.

2. Escolha um local adequado e silencioso. Posicione corretamente o gravador, de modo que não haja necessidade de ajustá-lo durante a gravação, o que pode prejudicar a qualidade do áudio.

3. Grave todas as partes do texto instrucional e ouça tudo antes de apresentá-lo ao professor. Caso considere necessário, refaça a gravação.

Vanessa Alexandre/ID/BR

Apresente aos colegas o áudio com as instruções e aproveitem para organizar a brincadeira.

MÓDULO 2

LEITURA

Texto dramático

Você já assistiu a uma peça de teatro? Lembra-se da fala de alguma personagem? O texto a seguir é um trecho de uma peça de teatro, conhecida também como texto dramático, que é escrito para ser encenado. Leia com atenção.

Cena I

Escuro, barulho de chuva, trovões bem ao longe, respiração de gente dormindo, crianças.

Teodoro *(no escuro, meio choroso e falando baixinho)*: Tô com sede; tô com sede; eu tô com sede.

Luzinha em Teodoro, que está sentado na cama. É uma lanterninha que ele mesmo acende e dirige para seu rosto.

Teodoro *(falando mais alto)*: Eu tô com sede. Pai, me traz um copo d'água, eu quero...

Raimundo e Iara: Shhhhhhhh!

Teodoro: Paiê!

Lanterninhas em Raimundo e Iara. Ambos sentados nas camas ao lado da de Teodoro.

Raimundo: Seu pai saiu. É por isso que eu vim dormir aqui. Não lembra, não?

Iara: O papai saiu e ele veio dormir aqui. Não lembra, não?

Teodoro: Mas eu tô com sede.

Raimundo: Então, vai buscar água, uai.

Iara: Vai lá, uai.

Teodoro: Mas eu tô com medo.

Raimundo: Medo do quê, Teodoro?

Teodoro: Medo, ora. Medo da chuva, medo do escuro...

Raimundo: Bobagem, Teodoro. Vai lá.

Teodoro: Não vou. *(pequena pausa)* Tô com sede.

Raimundo: Vai lá.

Teodoro: Não vou sozinho.

Iara *(tirando um urso grande de trás da cama)*: Então, leva o Agamenon.

Teodoro *(balançando a cabeça negativamente)*: Hm, hm.

Iara: Leva a minha lanterninha.

Teodoro *(perdendo a paciência)*: Não!

Raimundo: Tá legal, eu vou junto com você. *(levanta-se)*

Iara: Não vai, não.

Raimundo e Teodoro: E por que não?

Iara: Porque eu tenho medo de ficar aqui sozinha.

Raimundo: Mas o Agamenon fica com você.

Iara: Agora ele vai dormir. Não é, Agamenon? *(volta com o urso para trás da cama)*

Teodoro: Estou com sede.

Raimundo: Ai, ai, ai.

Iara: Ai, ai.

Os três estão fora das cobertas, ajoelhados na cama, pensando no que fazer.

Raimundo: E agora?

Teodoro: Agora, você vem comigo, Raimundo. Você é meu melhor amigo.

Raimundo: E a sua irmã?

Iara: E eu?

Raimundo: Ela...

Iara: Eu...

Raimundo: Ela também tá com medo.

Iara: Eu também.

Teodoro: Vem comigo, Raimundo. Senão nunca mais te convido pra dormir aqui.

Raimundo: Mas a sua irmã...

Iara: Mas e eu?

Teodoro: Estou com sede.

Raimundo: Ai, ai, ai, ai, ai.

Iara: Ai, ai. *(suspiro)*

Teodoro: Então, vamos nós três.

Iara: Posso levar o Agamenon?

Raimundo: Pega o Agamenon, Iara.

Iara pega o urso. Os três descem das camas sem as lanterninhas. Ela arrasta o urso pelo chão. Eles saem pela direita, correndo.

Iara: Quem chegar por último é a mulher do padre.

O palco escurece, há música incidental, no estilo de melodia de sonho, bem baixinha, que acompanha toda a cena seguinte.

Cláudia Vasconcellos. *As roupas do rei seguida de Inventa-desinventa.* São Paulo: SM, 2007. p. 65-68.

Estudo do texto

1. Quem são as personagens da cena?
   _____

2. Que conflito é possível perceber nessa cena, isto é, qual é o problema a ser solucionado pelas personagens?
   _____
   _____

3. Que sentimento faz com que Teodoro não vá buscar água em um primeiro momento? Transcreva a frase em que ele explica por que se sente assim.
   _____
   _____

4. Iara incentiva Teodoro a ir buscar água sozinho. Mas, depois, o que ela demonstra em relação à possibilidade de ficar sozinha?
   _____

5. Que solução as personagens encontram para resolver o conflito principal?
   _____

6. Relacione cada um dos trechos à esquerda com a explicação correspondente à direita.

   Escuro, barulho de chuva, trovões bem ao longe, respiração de gente dormindo, crianças. — Fala da personagem.

   (no escuro, meio choroso e falando baixinho) — Rubrica indicando a forma como a personagem fala ou se movimenta na cena.

   [...] Tô com sede; tô com sede; eu tô com sede. — Descrição dos elementos gerais e da ambientação da cena.

18 dezoito

ESTUDO DA LÍNGUA

Variedade linguística

1. Será que, em língua portuguesa, usamos as mesmas palavras para definir a mesma coisa em todas as cidades do Brasil? Leia os grupos de palavras a seguir e relacione cada grupo com as imagens correspondentes.

   A sacolé – geladinho – tubiba – gelinho – flau
   B fruta-do-conde – ata – pinha
   C média – café com leite – pingado
   D jerimum – abóbora
   E pão francês – cacetinho – carioquinha – pão de sal
   F mandioca – aipim – macaxeira

Das palavras acima, quais você utiliza na sua região para se referir às mesmas comidas? Caso use uma palavra diferente, escreva-a a seguir.

_____

2. Assinale a alternativa correta.

   A variedade linguística relacionada ao lugar onde a língua é utilizada é a variedade:

   ☐ social.   ☐ regional.   ☐ histórica.

dezenove 19

3. Leia a tira e faça o que se pede.

a) No segundo quadrinho, por que Chico Bento fica feliz?

_____
_____
_____

b) O que acontece no último quadrinho que faz Chico Bento ficar desapontado?

_____
_____
_____

c) As tiras do Chico Bento reproduzem a fala das personagens tal como foram pronunciadas, com marcas de oralidade. Copie da tira duas palavras que exemplifiquem essa afirmação.

_____
_____
_____

Mauricio de Sousa. O burro sabido. *Chico Bento*. Barueri: Panini Comics, v. 3, n. 754. p. 80, maio 2021.

d) Agora, reescreva as falas do segundo quadrinho, passando o texto para o registro escrito formal.

_____
_____
_____
_____

20 vinte

MÓDULO 2

ESTUDO DA LÍNGUA

Concordância

1. Releia um trecho do texto dramático e faça o que se pede.

> *Os três estão fora das cobertas, ajoelhados na cama, pensando no que fazer.*
> **Raimundo**: E agora?
> **Teodoro**: Agora, você vem comigo, Raimundo. Você é meu melhor amigo.
> **Raimundo**: E a sua irmã?
> **Iara**: E eu?
> **Raimundo**: Ela...
> **Iara**: Eu...
> [...]
> **Teodoro**: Então, vamos nós três.
> **Iara**: Posso levar o Agamenon?
> **Raimundo**: Pega o Agamenon, Iara.
> *Iara pega o urso.* [...]

Vanessa Alexandre/ID/BR

a) Circule no texto os dois substantivos comuns masculinos que estão no singular.

b) Releia as frases em que esses substantivos aparecem. Depois, passe as frases para o plural.

_____
_____
_____

2. Marque um **X** na alternativa correta em relação a cada frase.

a) O dia está ensolarado.

☐ O adjetivo **ensolarado** concorda com o substantivo **dia**, pois ambos estão no masculino singular.

☐ O adjetivo **ensolarado** concorda com o substantivo **dia**, pois ambos estão no masculino plural.

vinte e um **21**

b) Nós estudaremos juntos para a prova.

☐ O verbo **estudaremos** concorda com o pronome **nós**, pois está no singular.

☐ O verbo **estudaremos** concorda com o pronome **nós**, pois está no plural.

3. Reescreva as frases passando os substantivos sublinhados para o singular. Faça os ajustes necessários.

a) Os carros quebraram no meio da rua.

_____

_____

b) Em dia de sol, os alunos vão à piscina se refrescar.

_____

_____

c) As atividades podem ser feitas em duplas.

_____

_____

d) Os potes estavam vazios.

_____

_____

4. Complete as frases com as palavras do quadro. Considere a concordância de gênero (masculino ou feminino) e de número (singular ou plural).

| pera | Elas | a | frescos | precisamos | abacate | caixas |

a) Vamos fazer uma lista do que nós _____ comprar na feira. Não podemos nos esquecer de buscar as _____ de morango.

b) A _____ e o _____ são minhas frutas favoritas. _____ fazem bem à saúde!

c) Agora, _____ geladeira está cheia de frutas e de legumes _____.

22 vinte e dois

5. Leia este texto sobre as pirâmides do Egito. Depois da leitura, complete cada lacuna com uma das formas verbais apresentadas entre parênteses.

Você certamente já _____ (ouviu/ouviram) falar das pirâmides do Egito, e talvez saiba que, além das pirâmides, os antigos egípcios também _____ (construiu/construíram) muitos templos grandiosos, repletos de estátuas gigantescas de seus deuses e governantes. O que nem todo mundo se dá conta é que eles _____ (têm/tinham) que mover essas pedras e estátuas de onde elas _____ (eram/são) feitas até o local onde elas seriam colocadas. Isso não era um trabalho fácil: as estátuas e pedras _____ (pesavam/pesava) toneladas! [...]

Pirâmides do Egito, Cairo. Foto de 2020.

Os egípcios e o atrito. *Ciência Hoje das Crianças*, 16 maio 2014. Disponível em: http://chc.org.br/coluna/os-egipcios-e-o-atrito/. Acesso em: 30 mar. 2022.

6. Passe para o plural as formas verbais destacadas nas frases, observando a concordância verbal.

a) Pesquisador da Holanda **está intrigado** com as pirâmides do Egito.

_____
_____

b) Cientista **encontrou** uma pista para desvendar o mistério dos egípcios.

_____
_____
_____

c) Novo estudo **revelará** segredos do Egito Antigo.

_____
_____
_____

vinte e três 23

ORALIDADE

Texto dramático

Você vai produzir um texto teatral para uma cena de até dois minutos e gravar um vídeo com sua encenação. Para isso, convide um colega da turma para ajudar você.

Planejamento

1. Antes de escrever o texto da cena, pensem nos seguintes aspectos para a composição do texto:
    - Quem são as duas personagens representadas e onde elas estão.
    - O que vai acontecer na cena e qual é o conflito a ser solucionado.
    - O tempo (ensolarado, chuvoso, etc.) ou o período (do dia, do mês, do ano, etc.) em que a cena ocorre.

2. Procurem fazer uma cena curta e pensar em maneiras criativas de solucionar o conflito. Algumas sugestões:
    - Vocês querem jogar um jogo de tabuleiro, mas falta uma peça e vocês decidem improvisar uma nova.
    - Vocês chegaram a uma festa de aniversário em que não conhecem ninguém e tentam puxar assunto com uma pessoa desconhecida.

3. Escrevam rubricas indicando a forma como as personagens vão falar e se movimentar durante a cena e que objetos vão utilizar.

4. Façam uma primeira versão do texto. Em seguida, revisem o texto e escrevam a versão final.

Gravação da cena

1. Ensaiem as falas das personagens, suas ações e seus gestos na cena. Procurem observar se a movimentação do corpo está de acordo com o que as personagens falam.

2. Observem, nas falas, a clareza da pronúncia das frases, o ritmo e o volume da voz.

3. Preparem o local onde a cena será gravada e façam a gravação. Verifiquem a qualidade do vídeo e se há necessidade de regravar a cena.

Compartilhem o vídeo com o professor e os colegas.

MÓDULO 3

LEITURA

História em quadrinhos

A seguir, você vai ler uma história em quadrinhos (HQ) com personagens da Turma da Mônica.

Mas, antes, leia o título, observe as imagens dos quadrinhos e tente imaginar o que vai acontecer na história. Depois, realize a leitura de todo o texto e veja se suas suposições se confirmaram.

Mauricio de Sousa. *Revista Turma da Mônica*. São Paulo: Globo, 2005.

Estudo do texto

1. Responda às questões abaixo sobre as personagens da HQ lida.

   a) Quais são as três personagens da história?
   _____

   b) Você já conhecia todas elas? Se não, que nova personagem da Turma da Mônica passou a conhecer?
   _____

2. Veja ao lado a imagem de Dorinha.

   a) Por que você acha que ela está usando óculos escuros e bengala?
   _____
   _____
   _____
   _____

   b) Na história em quadrinhos que você leu, por que Dorinha não está usando uma bengala?
   _____
   _____

3. Lendo a história em quadrinhos, percebemos que Dorinha tem uma deficiência visual, mas desenvolveu muito bem outro sentido do corpo. Que sentido é esse?

   ☐ O **paladar**, sentido responsável pela percepção dos **sabores**.

   ☐ A **audição**, sentido responsável pela percepção de **sons**.

   ☐ O **olfato**, sentido responsável pela percepção de **cheiros**.

   ☐ O **tato**, sentido responsável pela percepção pelo **toque**.

> **DICA!**
> Os cinco sentidos do corpo humano são: a visão, o paladar, a audição, o olfato e o tato.

4. Enquanto anda pelo parque, Dorinha sente diferentes cheiros. Enumere as imagens de acordo com a ordem dos cheiros que Dorinha sentiu.

☐ rosas   ☐ mel   ☐ hortelã   ☐ grama molhada

5. Releia a HQ e preste atenção em como a ação de cheirar é representada.

a) Como o cheiro é visualmente representado nos quadrinhos?

_____
_____

b) O som da ação de cheirar é representado por qual onomatopeia?

_____

c) Observe os balões em que aparecem as onomatopeias. Esses balões são semelhantes ou diferentes dos balões de fala das personagens? Explique.

_____
_____
_____

6. Releia o último quadrinho da história.

a) Magali é uma personagem muito conhecida da Turma da Mônica. Qual é a principal característica dessa personagem?

_____
_____

b) Se Dorinha não enxerga, como ela sabia que estava perto de Magali?

_____
_____
_____

28   vinte e oito

ESTUDO DA LÍNGUA

Porque, por que, por quê

1. Leia com atenção a tira a seguir. Depois, resolva as questões.

Bill Watterson. *Calvin e Haroldo*: e foi assim que tudo começou. São Paulo: Conrad/Editora do Brasil, 2007. p. 34.

a) Assinale a palavra que substitui adequadamente a ⭐ (verde) na fala de Garfield.

☐ por que   ☐ porque   ☐ por quê

b) Assinale a palavra que, na tira, substitui adequadamente a ⭐ (laranja) na fala de Garfield.

☐ Por que   ☐ Porque   ☐ Por quê

2. Complete as frases sobre as personagens da Turma da Mônica que você viu na HQ "Cheiro de quê?". Use **porque**, **por que** ou **por quê**.

a) A personagem Dorinha às vezes usa bengala.
  _____?

b) O nome do cão-guia é Radar _____ ele ajuda Dorinha a se localizar.

c) _____ a Magali é tão comilona?

- Complete o quadro com as palavras que você escreveu acima, separando a que indica explicação das que indicam pergunta.

Expressão que indica explicação	Expressão que indica pergunta

vinte e nove **29**

3. A seguir, leia algumas adivinhas. Depois, assinale os itens que completam corretamente as lacunas.

a) Os robôs nunca sentem medo. Sabe _____?

Porque eles têm nervos de aço.

☐ por que
☐ porque
☐ por quê
☐ porquê

b) Você sabe o _____ de as girafas tirarem sempre notas baixas?

É que elas vivem com a cabeça na Lua.

☐ por que
☐ porque
☐ por quê
☐ porquê

c) _____ a galinha não bate em outros animais?

Porque ela tem pena.

☐ Por que
☐ Porque
☐ Por quê
☐ Porquê

4. Reescreva as orações a seguir substituindo os trechos destacados pelas expressões **por que**, **porque**, **porquê** ou **por quê**.

a) A manga cai do pé, **pois** ela não sabe descer.

_____

b) A manga cai do pé **por qual motivo**?

_____

c) Você sabe o **motivo** de a manga cair do pé?

_____

ESTUDO DA LÍNGUA

Substantivo: simples e composto

1. Releia este quadrinho da HQ "Cheiro de quê?".

   a) Nesse quadrinho, Dorinha diz sentir o cheiro de cinco alimentos. Que alimentos são esses?

   _____
   _____

   b) Copie os substantivos que nomeiam alimentos e que começam com a letra **c**.

   _____

   c) Qual dos substantivos que você escreveu no item anterior é formado por mais de uma palavra?

   _____

2. Leia e compare os dois substantivos a seguir.

   | cachorro | cachorro-quente |

   a) O que há em comum entre esses dois substantivos?

   _____

   b) O que há de diferente entre esses dois substantivos?

   _____
   _____

   c) Marque um **X** na classificação correta das palavras do quadro.

	Substantivo simples (formado por uma palavra)	Substantivo composto (formado por duas ou mais palavras)
cachorro		
cachorro-quente		

trinta e um 31

3. Escreva os substantivos compostos que nomeiam as figuras abaixo. Se necessário, consulte o dicionário para verificar a grafia das palavras.

_____   _____   _____

Dos substantivos que você escreveu, quais apresentam hífen? Circule-os.

4. A seguir, faça o que se pede.

   a) Usando hífen, una as palavras e forme substantivos compostos.

   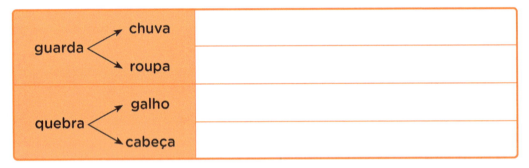

   b) Os substantivos compostos que você escreveu são formados por:

   ☐ substantivo + substantivo   ☐ verbo + substantivo

   c) Escreva no plural os quatro substantivos que você formou no item **a**.

   _____

   _____

   d) O que você notou ao escrever o plural desses substantivos compostos?

   ☐ Apenas a primeira palavra (o verbo) foi para o plural.

   ☐ Apenas a segunda palavra (o substantivo) foi para o plural.

5. Leia o nome de algumas personagens de lendas brasileiras. Em seguida:
   - circule os substantivos simples.
   - pinte os substantivos compostos.

   | Curupira | Saci-Pererê | Boto-cor-de-rosa |
   | Lobisomem | Mãe-de-ouro | Cuca |

32 trinta e dois

6. Leia o texto a seguir, que traz informações sobre uma raça de cães.

A raça *chow-chow* é uma das mais chamativas do mundo todo! É um cão muito antigo, originário da China, que chegou ao Ocidente em 1820, trazido pelo Exército inglês. Naquela época, ele era considerado um animal tão exótico e diferente que era até exposto em alguns zoológicos!

Muitas pessoas achavam o *chow-chow* parecido com o cão--leão ou cão-urso.

[...]

Foto de um *chow-chow*. Uma curiosidade sobre esse cachorro é que ele tem a língua azul ou roxa.

Guilherme Domenichelli. Dúvida animal – Por que algumas raças de cachorro, como *chow-chow*, têm a língua de outra cor? *Jornal Joca*, 8 abr. 2021. Disponível em: https://www.jornaljoca.com.br/duvida-animal-por-que-alguns-cachorros-como-o-chow-chow-tem-a-lingua-de-outra-cor/. Acesso em: 28 mar. 2022.

Ligue as colunas para indicar a classificação dos substantivos.

Substantivo simples

Substantivo composto

chow-chow

China

zoológicos

cão-leão

7. Classifique cada substantivo abaixo em simples ou composto.

a) fim de semana _____

b) azul-claro _____

c) cotia _____

d) mandachuva _____

ESCRITA

História em quadrinhos

Chegou a hora de você fazer uma HQ! Você vai combinar imagens e palavras e criar uma história bem divertida. Siga os passos abaixo e boa produção!

Planejamento

1. Decida quem serão as personagens de sua história. Serão adultos ou crianças? Terão algum poder especial ou característica marcante?

2. Resolva em quantos quadrinhos você vai contar a história e trace-os em uma folha avulsa. Procure usar apenas uma ou duas páginas para sua HQ, pois essa produção é um tanto trabalhosa.

3. Pense em diversificar a forma como as personagens vão se comunicar. Veja alguns tipos de balão que você poderá usar:

Escrita

1. Comece a escrever o rascunho do texto nos quadrinhos, sempre a lápis. Leve em conta os espaços que você definiu no planejamento e lembre-se de criar textos curtos, que caibam nos balões. Use também onomatopeias para representar os sons.

2. Faça o rascunho das ilustrações também a lápis. É importante que as imagens estejam de acordo com o texto.

3. Revise o texto e as ilustrações, apagando e corrigindo o que for necessário. Para isso, preste atenção nos seguintes pontos:
   - Você garantiu a sequência da história, ou seja, ela apresenta começo, meio e fim?
   - Sua letra está legível?
   - Você usou diferentes tipos de balão?

4. Finalize sua HQ colorindo-a de forma a torná-la ainda mais envolvente para o leitor.

Depois, compartilhe sua produção com os colegas e familiares.

MÓDULO 4

LEITURA

Entrevista

Entrevistas são textos que mostram o diálogo entre um entrevistador, que faz perguntas, e um entrevistado, que responde a elas. Leia a entrevista a seguir e descubra informações sobre a pessoa entrevistada.

Impulso criador

Entrevista com Eva Furnari
Por Gabriela Romeu

É pescando um pedacinho de história aqui, outro ali que a escritora Eva Furnari diz criar suas narrativas, em imagens e palavras. Autora de livros como "Bruxinha e Frederico", "Assim assado" e "Felpo Filva", algumas das 64 obras que fez ao longo de uma carreira de mais de três décadas, a escritora recebeu a revista Emília numa tarde para uma deliciosa prosa sobre os caminhos (e os atalhos e as encruzilhadas) do processo de criação.

Eva Furnari mora num sobradinho pintado de rosa antigo, localizado num bairro paulistano da zona sul que bem lembra as casas pequeninas e coloridas de livros como "Cacoete". [...]

Gabriela Romeu – Como uma ideia vira uma história?

Eva Furnari – O resultado não mostra o processo. Quando você começa a ter ideias, elas estão absolutamente quadradas. Aí você vai arredondando, elaborando até chegar a um bom resultado. Porque você cria, mas uma das coisas importantes mesmo é você perceber que, dentro das coisas que você criou, o que é bom e o que não é. Quando estamos criando, aparece todo tipo de bobagem. Por isso que eu acho que é fundamental ter disciplina no trabalho, que ajuda muito nessa necessidade de elaboração, de repetição, de fazer milhões de rascunhos.

Gabriela Romeu – A rotina e a disciplina te permitem essa criação literária mesmo?

Eva Furnari – Pra mim, sim. Na verdade, a disciplina é um resultado de escolhas. Ultimamente, por exemplo, não tenho mais ido a escolas nem faço palestra, porque realmente não dá tempo, é uma escolha. Ou eu faço os livros ou eu circulo. Com a idade, sinto que acabo até trabalhando mais lentamente ou trabalhando mais em cima de um projeto mais sofisticado, mais elaborado. Isso exige mais tempo. Então realmente não dá tempo de atender o público, o que eu acho uma pena, mas eu tive que fazer essa escolha. O que eu posso oferecer de melhor são meus livros.

Gabriela Romeu – A criação parece ter um tempo próprio, você percebe isso assim?

Eva Furnari – Ah, exatamente. É necessário a gente se afastar para ter um pouco de **isenção**, para olhar aquilo e retomar. O trabalho precisa ter um tempo de maturação mesmo; sua sensibilidade e sua percepção do trabalho ampliam muito, onde está melhor, onde está pior, o que é lixo, o que sobra da história, o que dá pra enxugar.

> **Isenção:** desapego, desprendimento.

O ideal seria ter um tempo de maturação, mas isso corre meio na contramão da sociedade atual. Mas nem sempre dá tempo, porque você tem um prazo com a editora, que precisa lançar e tudo mais. [...]

Gabriela Romeu – Como surgem algumas de suas histórias?

Eva Furnari – Normalmente, esqueço o começo da criação, é muito engraçado isso. Não me lembro. Tem um livro meu, "Problemas da família Gorgonzola", que surgiu quando eu estava num congresso como convidada. Eu estava no lugar errado, falando a coisa errada para o público errado. Eu tinha que ficar duas horas ali, era um negócio comprido. E comecei a desenhar, desenhar, desenhar, desenhar, aí saíram esses desenhos. Quando eu pensei em fazer um livro de matemática, falei: "Nossa! É aquele pessoal!".

[...]

Disponível em: http://mimodapedagogia.blogspot.com/2014/05/reportagem-com-eva-furnari.html. Acesso em: 28 mar. 2022.

Estudo do texto

1. Quem é a pessoa entrevistada? Qual é sua ocupação?

   _____
   _____

2. Você já leu algum texto escrito pela entrevistada?

   ☐ Sim   ☐ Não

3. Na entrevista, para que serve o texto apresentado antes da parte que traz as perguntas e respostas?

   _____
   _____
   _____

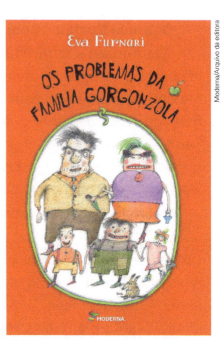

Capa do livro *Os problemas da família Gorgonzola*, de Eva Furnari.

4. Na entrevista, a escritora Eva Furnari diz que:

☐ tem disciplina para realizar suas criações.

☐ criou poucos livros durante sua carreira.

5. Em uma entrevista:

☐ os fatos apresentados são inventados pelo entrevistado.

☐ os fatos apresentados pelo entrevistado são reais.

6. Em que situação, na entrevista, foram usados os pontos de interrogação?

_____

7. Copie um trecho da entrevista em que as aspas foram utilizadas para indicar uma fala dentro de outra fala da entrevistada.

_____

8. Releia este trecho da entrevista:

> **Gabriela Romeu** – Como uma ideia vira uma história?
> **Eva Furnari** – O resultado não mostra o processo.
> Quando você começa a ter ideias, elas estão absolutamente quadradas. Aí você vai arredondando, elaborando até chegar a um bom resultado.

Qual foi a marca de oralidade usada nesse trecho?

_____

9. Releia este outro trecho:

> O trabalho precisa ter um tempo de **maturação** mesmo [...].

Com que sentido a palavra **maturação** foi utilizada nesse trecho?

☐ transformação   ☐ reelaboração   ☐ amadurecimento

10. O que você achou mais interessante na entrevista? Por quê?

_____

_____

ESTUDO DA LÍNGUA

Pronome pessoal e pronome possessivo

1. Reescreva as frases, substituindo o trecho sublinhado por um pronome pessoal adequado.

    a) Eu e minha amiga vamos a uma festa de aniversário.
    _____
    _____

    b) Lucas e Fernando farão um teste amanhã.
    _____
    _____

    c) Carol e Ana Maria são da mesma família.
    _____
    _____

    d) Camila é uma menina muito esperta.
    _____
    _____

    e) Vinícius passou de ano sem recuperação.
    _____
    _____

2. Complete as frases com o pronome pessoal adequado.

    a) _____ dançamos a noite toda.

    b) _____ são as irmãs mais velhas de Paula.

    c) _____ brinca na calçada com os amigos.

    d) _____ lavo a louça depois do jantar.

    e) _____ moram no sítio ao lado.

3. Releia um trecho da entrevista de Eva Furnari.

> É pescando um pedacinho de história aqui, outro ali que a escritora Eva Furnari diz criar suas narrativas.

a) O pronome sublinhado no trecho é classificado como:

☐ pronome pessoal. ☐ pronome possessivo.

b) Pronomes possessivos indicam relação de posse. Sabendo disso, podemos afirmar que **suas** refere-se:

☐ às narrativas de Eva Furnari.

☐ às histórias contadas pela entrevistadora.

4. Releia este outro trecho da entrevista.

> Então realmente não dá tempo de atender o público, o que eu acho uma pena, mas eu tive que fazer essa escolha. O que eu posso oferecer de melhor são os meus livros.

a) Circule um pronome possessivo presente no trecho.

b) Caso Eva Furnari estivesse fazendo referência a livros que são dela e de outro autor, qual seria o pronome utilizado?

_____

5. Complete as frases com pronomes possessivos.

a) Aquela bolsa que está em cima da mesa é _____.

b) Eu não quero aquele pedaço de bolo, porque ele é _____.

c) Eva Furnari é uma das _____ escritoras preferidas.

6. Relacione adequadamente os pronomes pessoais aos pronomes possessivos.

eu	nosso
tu	seu
ele	meu
nós	teu

trinta e nove 39

7. Marque um **X** na coluna que corresponde à classificação de cada pronome pessoal.

Pronome	1ª pessoa	2ª pessoa	3ª pessoa	Singular	Plural
Eu					
Tu					
Ele/Ela					
Nós					
Vós					
Eles/Elas					

8. Leia a tirinha.

Alexandre Beck. *Armandinho doze*. Florianópolis: Edição do autor, 2019. p. 44.

a) Qual é o pronome presente na tirinha?

_____

b) Esse pronome é classificado como:

☐ pronome pessoal.

☐ pronome possessivo.

c) O pronome refere-se:

☐ à terceira pessoa do singular.

☐ à terceira pessoa do plural.

d) Qual é a mensagem da tirinha?

_____

_____

ESTUDO DA LÍNGUA

Pontuação e expressão

1. Observe a propaganda a seguir.

Disponível em: https://memoria.ebc.com.br/2012/10/criancas-vao-conscientizar-adultos-em-campanha-pela-reducao-de-mortes-no-transito. Acesso em: 28 mar. 2022.

a) A intenção dessa propaganda é levar as crianças a:

☐ conscientizar adultos a usar o celular para localização.

☐ conscientizar adultos a ter atitudes responsáveis no trânsito, como não atender o celular dirigindo, para reduzir o número de acidentes.

☐ conscientizar adultos a não viajar com elas.

b) Qual é a frase de maior destaque no cartaz?

☐ "No trânsito, o papai acelerou demais?"

☐ "Parou!"

☐ "Um pacto pela vida."

c) Qual é o sinal de pontuação usado na frase de maior destaque? O que esse sinal indica?

_____

_____

2. Releia o trecho.

> No trânsito, o papai acelerou demais? A mamãe atendeu o celular?

a) Que sinal de pontuação foi utilizado no final dessas duas frases?

_____

b) O que o uso desse sinal nas frases indica?

_____

_____

3. Observe o cartaz de uma campanha de conscientização para evitar o desperdício de água.

Vamos economizar ☐

Colabore ☐

Eu quero ter água em 2030 ☐

Pontue as frases do cartaz utilizando o ponto de interrogação e o ponto de exclamação.

42 quarenta e dois

4. Relacione o sinal de pontuação à sua função.

- Ponto-final
- Ponto de exclamação
- Ponto de interrogação

- Indica uma pergunta.
- Finaliza o que é dito.
- Dá ênfase ao que é dito; pode indicar admiração, surpresa e outros sentimentos.

5. Explique o sentido de cada uma das orações a seguir conforme a pontuação utilizada.

a) O cão apareceu.

_____

b) O cão apareceu!

_____

c) O cão apareceu?

_____

6. Escreva uma frase para cada um dos sinais de pontuação a seguir.

a) Ponto-final.

_____

b) Ponto de exclamação.

_____

c) Ponto de interrogação.

_____

7. Reescreva a anedota usando os sinais de pontuação que estão faltando.

> Por que o professor usava óculos escuros na sala de aula
>
> – Porque os seus alunos eram brilhantes

Disponível em: https://www.maioresemelhores.com/melhores-piadas-para-criancas/. Acesso em: 28 mar. 2022.

_____

_____

_____

quarenta e três 43

ORALIDADE

Entrevista

Você fará uma entrevista com uma pessoa idosa para descobrir quais eram as brincadeiras preferidas dela quando criança.

Planejamento

1. Escolha o entrevistado: avó ou avô, vizinho, amigo da família, entre outros.

2. Combine o dia e o horário da entrevista com a pessoa escolhida e pergunte se ela autoriza que a entrevista seja gravada.

3. Prepare-se para realizar a entrevista.

   Elabore perguntas para saber do que o entrevistado brincava quando criança. Veja algumas sugestões:

   I. Quais eram os brinquedos na sua época de criança?

   II. Quais eram as brincadeiras mais comuns?

   III. O(A) senhor(a) costumava brincar na rua ou em casa?

   IV. As crianças costumavam brincar em grupos, com os irmãos ou sozinhas?

   V. Qual era a sua brincadeira preferida?

   Crie outras perguntas e anote-as em um roteiro, que vai ajudá-lo durante a gravação da entrevista.

Gravando a entrevista

1. Lembre-se de levar o roteiro de perguntas.

2. Peça ao entrevistado que fale devagar e com um tom de voz adequado, para que o áudio fique claro para quem for ouvi-lo posteriormente.

3. Ao final da entrevista, ouça o áudio e note se alguma parte ficou ruim, se é necessário regravar algum trecho.

4. Não se esqueça de agradecer a colaboração do entrevistado.

   Apresente a entrevista ao professor e combine um dia para compartilhar a gravação com os colegas.

MÓDULO 5

LEITURA

Conto maravilhoso

O conto maravilhoso que você vai ler pertence à tradição oral da Guatemala, um país da América Latina.

Nos contos maravilhosos, algum tipo de magia provoca transformações que alteram o curso da narrativa.

Leia o conto a seguir e descubra como os cavalos encantados mudaram o rumo da história da família de seu Isidro.

O cavalinho de sete cores

A chácara de seu Isidro ficava ao pé da montanha. Era uma chácara limpa, grande e **próspera**. Suas verduras eram as melhores da região, e os agricultores dos arredores visitavam-no com frequência, para que ele lhes revelasse seus segredos.

Uma noite, seu Isidro e seus três filhos escutaram um **tropel** de cavalos fazendo uma estripulia danada entre as hortaliças. Acenderam as lanternas, penduraram as espingardas no ombro e saíram para ver o que estava acontecendo. Levaram um tremendo susto quando perceberam que os cavalos eram de todas as cores! Apontaram para disparar neles. Mas, como eram cavalos encantados, as balas viravam fumaça no ar. [...]

Quando amanheceu, seu Isidro e os filhos foram olhar as verduras e ficaram muito tristes ao ver a horta destruída. Semearam novamente, e seu Isidro ordenou ao filho mais velho, chamado João, que cuidasse das **sementeiras** durante a noite. João obedeceu. Mas, à noite, um sono profundo apoderou-se dele, e ele adormeceu. Na manhã seguinte, as hortaliças estavam novamente imprestáveis.

[...]

— Agora é você quem vai ficar de guarda — ordenou o pai ao filho do meio, de nome Carlos.

— Está bem, pai — respondeu-lhe este.

Mas, como acontecera na noite anterior, um aroma semelhante ao da dama-da-noite espalhou-se por toda a chácara, e Carlos adormeceu.

Chegaram os cavalos e mais uma vez deixaram as verduras em frangalhos.

[...]

> **Próspero:** bem-sucedido.
> **Tropel:** barulho causado por muitos animais em movimento.
> **Sementeira:** terra semeada.

quarenta e cinco 45

— Agora é você quem vai ficar vigiando — disse a José, o mais novo dos três filhos.

— Está bem, meu pai — respondeu este.

José era muito esperto e imaginou um plano para não dormir, surpreender os cavalos e, se possível, capturar algum.

Pendurou uma rede entre duas laranjeiras, encheu-a de folhas de **urtiga** e se deitou.

Quando aquele suave e penetrante aroma chegou, ele começou a bocejar, mas a coceira que lhe provocava o contato com as folhas de urtiga era tão forte que ele venceu o sono.

Urtiga: planta que causa coceira na pele.

[...] Muito esperto, pegou uma corda e, num piscar de olhos, laçou o mais bonito de todos. Era como se o arco-íris estivesse retratado nele.

[...]

Quando o cavalinho de sete cores viu-se impossibilitado de fugir, propôs a José um trato:

[...]

— Solte-me e farei com que as verduras fiquem ainda mais bonitas do que antes. Além disso, socorrerei você sempre que estiver em perigo. [...]

No mesmo instante, cresceram ali as mais belas verduras, diante do espanto de José, que finalmente se atreveu a dizer:

— Vejo que você realmente possui poderes mágicos. Vou soltá-lo, porque um cavalo tão lindo assim não deve ficar preso. Mas prometa-me que nunca mais virá estragar as hortaliças de meu pai.

— Prometo, sim.

José soltou o cavalinho, que sumiu tal qual uma bexiga colorida que o vento leva. Às cinco horas da manhã, seu Isidro e os dois filhos foram ver as verduras e assombraram-se por encontrá-las mais bonitas do que antes.

[...]

Héctor Felipe Cruz Corzo. O cavalinho de sete cores. Em: *Mitos, contos e lendas da América Latina e do Caribe*. São Paulo: Melhoramentos, 2008. p. 41-45.

Estudo do texto

1. Quem são as personagens desse conto?

_____

_____

2. Onde a história se passa?

_____

3. O conto é narrado em primeira ou terceira pessoa? Justifique sua resposta.

_____

_____

4. Por que em certa manhã seu Isidro e seus três filhos ficaram muito tristes?

_____

_____

5. Quem destruiu a horta de seu Isidro?

_____

6. Como o cavalinho de sete cores foi capturado?

_____

_____

_____

_____

7. Nos contos maravilhosos, há elementos mágicos e elementos da realidade. Indique **F** para os acontecimentos do conto que pertencem à **fantasia** e **R** para os acontecimentos que pertencem à **realidade**.

☐ "Levaram um tremendo susto quando perceberam que os cavalos eram de todas as cores!"

☐ "No mesmo instante, cresceram ali as mais belas verduras."

☐ "Semearam novamente, e seu Isidro ordenou ao filho mais velho, chamado João, que cuidasse das sementeiras durante a noite."

8. Quais são as personagens mágicas que aparecem no conto?

_____

9. Por que podemos classificar esse texto como um conto maravilhoso?

_____

_____

_____

ESTUDO DA LÍNGUA

Mal e mau, mas e mais

1. Releia este trecho do conto "O cavalinho de sete cores".

> Quando amanheceu, seu Isidro e os filhos foram olhar as verduras e ficaram muito tristes ao ver a horta destruída. Semearam novamente, e seu Isidro ordenou ao filho **mais** velho, chamado João, que cuidasse das sementeiras durante a noite. João obedeceu. **Mas**, à noite, um sono profundo apoderou-se dele, e ele adormeceu. Na manhã seguinte, as hortaliças estavam novamente imprestáveis.

Observe as palavras destacadas e responda às questões.

a) Qual delas tem o sentido de quantidade ou intensidade? Por quê?

_____
_____
_____

b) Qual delas tem o sentido de oposição? Por quê?

_____
_____
_____

2. Complete o ditado popular a seguir com **mas** ou **mais**.

Sou bobo _____ sou feliz!

É _____ bobo quem me diz!

Domínio público.

O que esse ditado quer dizer?

_____
_____
_____

3. Leia este poema do escritor português Fernando Pessoa.

> Ó terras de Portugal
> Ó terras onde eu nasci
> Por muito que goste delas
> Inda gosto _____ de ti.

Fernando Pessoa. *Comboio, saudades, caracóis.*
São Paulo: FTD, 2007. p. 8.

a) Que palavra completa corretamente o último verso?

☐ A palavra **mas**.

☐ A palavra **mais**.

b) Justifique a resposta que você deu à questão anterior.

_____
_____
_____

4. Complete as frases com **mas** ou **mais**.

a) Fernando Pessoa não teve riquezas, _____ foi um grande poeta.

b) Manoel de Barros gosta _____ da roça que da cidade.

c) Fernando Pessoa não teve filhos, _____ brincava muito com seus sobrinhos.

d) Hoje, as crianças brincam _____ com brinquedos comprados, que já estão prontos.

e) Os estudantes leem _____ poemas que notícias.

f) Gosto de todas as formas de arte, _____ prefiro as artes plásticas.

g) João é o _____ velho entre os três irmãos.

h) O dia amanheceu bem bonito, _____ a previsão era de chuva à tarde.

i) Ana Júlia decidiu estudar _____ aquela lição, _____ depois ia jogar bola com os amigos.

quarenta e nove **49**

5. Reescreva as frases substituindo as palavras destacadas por **mal** ou **mau**.

a) O desempenho do juiz na partida foi **bom**.

_____

_____

b) Alguns estudantes se saíram muito **bem** nas avaliações.

_____

_____

c) Você lavou seu tênis? Está cheirando **bem**!

_____

_____

d) Júlio sempre foi um **bom** desenhista.

_____

_____

e) A escolha do sofá foi de muito **bom** gosto.

_____

_____

6. Complete as frases a seguir com as palavras **mas**, **mais**, **mal** ou **mau**.

Na aula de dança...

Meu professor me chamou para conversar e disse que estou dançando _____! _____ também me disse que posso melhorar se eu me empenhar e ensaiar _____.

Na sala de aula...

Com o barulho dos alunos na hora do intervalo, ouvimos muito _____ o que o professor disse. Quanto _____ barulho, menos ouvimos!

Na pista de corrida...

Diana estava muito cansada e teve um _____ desempenho na última corrida.

ESTUDO DA LÍNGUA

Encontro vocálico

1. Leia este poema.

> É uma família de gatos de telhados
> Que mora num beco sem saída:
> São **ocres**, cinzas, malhados.
> E o que fazem da vida?
> Durante o dia andam pela rua.
> E durante a noite miam pra lua.

Ocre: cor parecida com a da terra.

Dionisio Jacob. *Verdes versos*. São Paulo: Saraiva, 2005.

a) Que palavras rimam nos dois últimos versos do poema?

_____

b) As palavras que você anotou apresentam encontro vocálico?

_____

c) Copie do poema todas as palavras que apresentam encontro vocálico.

_____

_____

d) Complete o quadro com as palavras copiadas no item anterior, indicando a divisão silábica e o tipo de encontro vocálico. Veja o exemplo.

Palavra	Divisão silábica	Ditongo	Hiato
família	fa-mí-lia	X	

cinquenta e um 51

2. Releia este trecho do conto "O cavalinho de sete cores".

> José era **muito** esperto e **imaginou** um plano para não dormir, **surpreender** os cavalos e, se possível, capturar algum.
>
> **Pendurou** uma rede entre **duas laranjeiras**, **encheu**-a de folhas de urtiga e se **deitou**.
>
> Quando aquele **suave** e penetrante aroma **chegou**, ele **começou** a bocejar, mas a **coceira** que lhe provocava o contato com as folhas de urtiga era **tão** forte que ele **venceu** o sono.
>
> [...] Muito esperto, pegou uma corda e, num piscar de olhos, laçou o mais bonito de todos. Era como se o arco-íris estivesse retratado nele.

Copie as palavras destacadas no trecho acima, separando-as em sílabas. Depois, circule os encontros vocálicos e classifique-os.

_____   _____
_____   _____
_____   _____
_____   _____
_____   _____
_____   _____
_____   _____

3. Pesquise em jornais ou revistas 10 palavras que apresentam encontros vocálicos. Escreva-as nas linhas a seguir.

_____   _____
_____   _____
_____   _____
_____   _____
_____   _____

4. Troque seu livro com o de um colega. Circule os encontros vocálicos das palavras que ele escreveu na atividade **3**.

52 cinquenta e dois

ESCRITA

Conto maravilhoso

Sua tarefa agora é criar e ilustrar seu próprio conto maravilhoso. Ele pode ser parecido com o conto "O cavalinho de sete cores", mas terá um conflito e um desfecho diferentes.

Planejamento

1. Seu conto deve apresentar as seguintes partes: **situação inicial**, **conflito** e **desfecho**.

2. Reflita sobre estas questões antes de escrever seu conto:

   - Que elemento mágico estará presente em seu conto?
   _____

   - Com a entrada desse elemento mágico, o rumo da história será alterado, originando um conflito. Qual será esse conflito?
   _____
   _____

   - Como o conflito será resolvido?
   _____
   _____

   - Qual será o título de seu conto?
   _____

Escrita

1. Escreva seu conto maravilhoso em uma folha de papel sulfite, seguindo seu planejamento.

2. Releia o texto e faça as correções que considerar necessárias. Depois, passe a limpo seu conto.

3. Lembre-se de criar um título para o texto.

4. Faça um desenho para ilustrar a história criada.
   Depois, mostre seu conto ao professor e aos colegas.

MÓDULO 6

LEITURA

Notícia

Notícias são textos escritos em jornais e revistas impressos ou publicados na internet que trazem informações sobre o que acontece no mundo. Leia o título a seguir e tente imaginar o assunto da notícia. Depois, leia o restante do texto.

Por G1 BA e TV Subaé
21/03/2022 16h13 Atualizado há uma semana

ONG que cuida de animais abandonados na BA arrecada quase R$ 30 mil em doações e anuncia que não vai mais fechar

A ONG Patinhas de Rua, que cuida de animais abandonados há oito anos, em Feira de Santana, cidade a 100 quilômetros de Salvador, anunciou que não vai mais encerrar as atividades por causa de dívidas. A decisão foi tomada após o grupo conseguir cerca de R$ 30 mil com doações e pagar todas as despesas.

"Eu estou passando aqui para agradecer imensamente a toda mobilização que vocês fizeram nesses últimos dias quando a gente anunciou que infelizmente íamos ter que parar as nossas atividades por falta de recursos. Vocês foram bravamente solidários e a gente espera que continuem assim, porque já estamos na ativa", disse a fundadora da ONG, Patrícia Santos.

A Patinhas de Rua existe desde 2014 e foi criada com objetivo de resgatar, tratar e acompanhar animais em situação de rua, algumas vítimas de atropelamento, abandonados, envenenados e que sofreram maus-tratos.

A fundadora da ONG, Patrícia Santos, contou que a associação sempre funcionou com muita dificuldade, mas a situação ficou ainda mais crítica.

MÓDULO 6

"Conseguimos arrecadar quase 30 mil e pagamos todas as despesas. Ainda sobrou para a gente terminar o muro e comprar o portão", contou Patrícia Santos.

O local funciona atualmente com cinco funcionários que fazem resgate e cuidam dos animais.

"Eles cuidam desde o resgate até eles [cachorros] ficarem disponíveis para adoção, que é uma dificuldade que a gente encontra. 80% deles não são adotados", disse a fundadora da ONG, Patrícia Santos.

G1. Disponível em: https://g1.globo.com/ba/bahia/noticia/2022/03/21/ong-que-cuida-de-animais-abandonados-na-ba-arrecada-quase-r-30-mil-em-doacoes-e-anuncia-que-nao-vai-mais-fechar.ghtml. Acesso em: 29 mar. 2021.

Estudo do texto

1. Ao ler o título do texto, é possível saber qual é o assunto dele? Se sim, qual é o assunto?

_____

_____

2. Marque com um **X** a alternativa que completa corretamente a afirmação a seguir:

Este texto foi retirado de:

☐ uma página da internet.

☐ uma página de um jornal impresso.

3. Justifique sua resposta à atividade **2**.

_____

_____

4. Pesquise e escreva o significado da sigla **ONG**, que aparece na notícia.

_____

5. Leia os títulos abaixo. Qual deles poderia substituir o título da notícia?

☐ ONG encerra atividades por falta de recursos

☐ ONG anuncia doação de animais

☐ ONG agradece solidariedade e mantém atividades

6. Qual é o objetivo da ONG Patinhas de Rua?

_____

_____

cinquenta e cinco

7. As notícias têm o objetivo de informar o leitor/espectador sobre algo. Assim, elas respondem às seguintes questões:

| O quê? | Quem? | Quando? | Onde? | Por quê? | Como? |

Preencha as lacunas abaixo com essas perguntas, de acordo com a resposta dada.

a) _____ ONG Patinhas de Rua que cuida de animais abandonados.

b) _____ Em Feira de Santana, Bahia.

c) _____ ONG não vai mais encerrar atividades.

d) _____ O grupo conseguiu pagar as dívidas.

e) _____ O grupo arrecadou cerca de R$ 30 mil com doações.

f) _____ Nos últimos dias, a associação anunciou que ia ter que parar as atividades por falta de recursos.

8. Observe a expressão destacada no trecho a seguir.

> [...] Vocês foram **bravamente solidários** e a gente espera que continuem assim, porque já estamos na ativa", disse a fundadora da ONG, Patrícia Santos.

a) A palavra **bravamente** tem o mesmo sentido de:
- ☐ muito bravos.
- ☐ corajosamente.
- ☐ calmamente.

b) Pessoas **solidárias** são aquelas que:
- ☐ gostam de viver sozinhas.
- ☐ só conseguem pensar em si mesmas.
- ☐ ajudam as outras pessoas em um momento difícil.

9. Observe novamente a foto da notícia que você leu e crie uma legenda para ela.

_____

_____

_____

_____

ESTUDO DA LÍNGUA

As letras s e z

1. Complete as colunas seguindo o exemplo.

Adjetivo	Substantivo
belo	beleza
carinhoso	
	gosto
triste	
	poder
	jeito
saboroso	
rico	
cheiroso	

2. Escreva o diminutivo das palavras a seguir.

a) carinhoso: _____

b) beleza: _____

c) cheiroso: _____

d) tristeza: _____

3. Circule as palavras em que a letra **s** representa o mesmo som na palavra **asa**.

mesa   sapo   coisa

salada   famoso   salsinha

4. Complete as lacunas com **s** ou com **z**.

a) fa____enda

b) sal____icha

c) me____ada

d) a____eite

e) ____umbido

f) de____erto

cinquenta e sete 57

5. Releia um trecho da notícia.

> A **decisão** foi tomada após o grupo conseguir cerca de R$ 30 mil com doações e pagar todas as despesas.

a) Na palavra destacada, o som representado por **s** é igual ao som representado por:

☐ **s** em **solto**.   ☐ **x** em **xerife**.   ☐ **z** em **zangão**.

b) Em quais palavras do quadro a letra **s** representa o mesmo som que no termo destacado no trecho acima? Circule-as.

> música   sereia   curiosidade   saiu

6. Nos verbos a seguir falta uma letra. Você consegue lê-los?

> qui___er   cristali___ar
>
> avi___ar   mobili___ar

a) Reescreva os verbos completando-os com a letra que falta.

_____

b) No momento de reescrever esses verbos, você teve dúvida quanto ao uso de **s** ou **z**?

_____

c) Em caso afirmativo, por que isso aconteceu?

_____

_____

d) O que fazer quando não se sabe se uma palavra é escrita com **s** ou **z**?

_____

_____

7. Observe o som que as letras **s** e **z** representam nas palavras abaixo e circule a palavra que não pertence a cada conjunto.

> azulado   rosa   zebu   sapo
>
> zabumba   vaso   saia   visita

ESTUDO DA LÍNGUA

Aposto

1. Leia a informação a seguir.

   > A ONG, Organização Não Governamental, está localizada em Feira de Santana.

   a) Que termos indicam o que significa ONG?
   _____

   b) Que sinal de pontuação foi utilizado para isolar esses termos do resto da frase?
   _____

   c) Reescreva a frase eliminando as vírgulas e os termos isolados por elas.
   _____
   _____

   d) A compreensão da frase foi prejudicada com as eliminações?
   ☐ Sim.   ☐ Não.

2. Crie apostos para as frases a seguir. Utilize o aposto para elogiar ou dar uma explicação sobre as pessoas mencionadas.

   a) Minha mãe, _____, sempre lê histórias para eu dormir.

   b) Eu brinco todos os dias com meus amigos da escola, _____.

   c) Maria Clara Machado, _____, é autora de consagradas obras do teatro infantojuvenil.

   d) Monteiro Lobato, _____, morreu em 1948.

   e) Meu pai, _____, me ensinou a andar de bicicleta.

   f) Mauricio de Sousa, _____, criou os personagens da Turma da Mônica e muitos outros.

3. Leia a frase a seguir.

> Patrícia Santos, **fundadora da ONG Patinhas de Rua**, agradeceu as doações.

a) A expressão destacada é um aposto porque:

☐ nomeia uma pessoa.

☐ apresenta uma pessoa.

☐ explica melhor o termo anterior.

b) O sinal de pontuação usado para isolar o aposto é:

☐ a vírgula.

☐ o ponto-final.

☐ o ponto de interrogação.

☐ o ponto e vírgula.

4. Sabendo que o **aposto** é um termo que esclarece ou explica melhor outro termo de um texto, reescreva as frases isolando o aposto com o uso adequado da vírgula.

a) A cachorrinha Pimpa mascote do time da cidade ganhou prêmios em concursos.

_____

_____

b) Marcelo jornalista e escritor escreveu uma notícia sobre animais.

_____

_____

c) Ele primo de Helena foi visitá-la.

_____

_____

d) O futebol famoso esporte de origem inglesa é muito amado no Brasil.

_____

_____

5. Reescreva as frases ampliando com um aposto cada termo em destaque. Lembre-se de fazer uso adequado da vírgula.

a) **O Brasil** possui muitas belezas naturais.

_____

_____

b) **As amigas** passearam o dia todo.

_____

_____

c) **Os brinquedos** foram doados.

_____

_____

d) **A atleta** foi receber a medalha.

_____

_____

6. Leia este trecho de uma notícia.

Cratera em obra do metrô assusta paulistanos

Depois de transtornos causados pela chuva no final de janeiro, o mês de fevereiro também começou complicado para os paulistanos. Pela manhã, no dia 1º, imagens de uma grande cratera no asfalto da Marginal Tietê, uma das principais vias expressas da capital, assustaram muita gente.

[...]

O incidente complicou ainda mais o trânsito na capital paulista, já conhecida por seus congestionamentos. O rodízio de carros (que proíbe automóveis de circularem em dias determinados da semana) foi suspenso.

Maria Clara Cabral. *Qualé*, ed. 41, fev. 2022, p. 12.

a) Qual é o assunto da notícia?

_____

b) Onde o fato noticiado aconteceu?

_____

c) Sublinhe um aposto no texto.

ESCRITA

Notícia

Vivemos num mundo cercado de notícias por todos os lados. Já reparou quantas de nossas conversas do dia a dia giram em torno de acontecimentos que foram noticiados?

Agora é a sua vez de fazer o papel de jornalista! Escreva uma notícia sobre um fato que ocorreu em seu bairro e envolveu animais ou o meio ambiente. Ela vai fazer parte de um jornal que será divulgado em sua escola.

Preparação

1. Escolha o fato que será noticiado. Pode ser uma das opções de temas a seguir ou outro que preferir.

    a) Animais abandonados.
    b) Animais adotados.
    c) Animais que sofreram ou sofrem maus-tratos.
    d) Sujeira nas ruas.
    e) Rio poluído.
    f) Outro tema.

2. Para escrever sua notícia, procure conhecer alguns fatos ocorridos recentemente em seu bairro. Faça uma pesquisa cuidadosa sobre dados relacionados ao assunto que escolheu. Lembre-se de que o fato deve ser interessante para se tornar notícia.

3. Caso seja possível, converse com pessoas diretamente envolvidas com o fato. Elas podem dar depoimentos que poderão aparecer em sua notícia. Nesses casos, utilize aspas para marcar essas falas.

Escrita

1. Redija seu texto em uma folha avulsa. Comece pela informação que considera mais interessante ou esclarecedora para o leitor. Procure responder às perguntas: O quê? Quem? Quando? Onde? Como? Por quê?

2. Crie um título e um subtítulo que despertem a atenção do leitor.

3. Depois de redigir a notícia, leia atentamente seu texto para identificar possíveis erros e faça as correções e adequações que julgar necessárias.

4. Passe o texto a limpo. Escolha uma imagem relacionada ao fato noticiado e crie uma legenda para ela.

No dia combinado, apresente seu trabalho ao professor e à turma.

MÓDULO 7

LEITURA

Carta de reclamação

Você ou alguém da sua família já fez uma compra e o produto estava com defeito? Ou tentou utilizar um serviço que não funcionava? Ou teve um atendimento ruim? Sabia que você pode reivindicar soluções para problemas como esses por meio de uma carta de reclamação?

Leia a carta a seguir.

São Paulo, 25 de março de 2022.
Ao serviço de atendimento da revista *Ciência e Companhia*.

Prezados(as) senhores(as),

Sou assinante da revista *Ciência e Companhia* há cinco anos, desde que meus filhos entraram na escola, e sempre tivemos boas leituras e conversas sobre os artigos publicados na revista.

Além do conteúdo de qualidade, ao longo desses anos, recebemos todos os exemplares na primeira semana do mês, sem atraso, o que me mantém assinando a revista anualmente, mesmo sabendo que algumas das matérias são disponibilizadas na internet.

No entanto, as edições de janeiro e fevereiro deste ano só chegaram à minha residência no dia 10 de março, junto com a edição de março. Para completar, a revista de janeiro veio com páginas faltando, justamente em seções que estávamos curiosíssimos para ler, pois foram anunciadas no *site*. Já tentei entrar em contato com a revista por telefone e por *e-mail* várias vezes, mas não obtive resposta.

Solicito, com urgência, a troca do exemplar com defeito e aguardo esclarecimentos pelo atraso. Considerando os fatos já citados, peço também um desconto no valor da renovação da assinatura anual.

Cordialmente,

Júlia Maria Ferreira dos Santos

Elaborado para fins didáticos.

Estudo do texto

1. Qual é a data informada na carta?

_____

2. Onde a carta foi escrita?

_____

3. A quem a carta é destinada?

_____

_____

4. Quem escreveu a carta?

_____

5. Complete o quadro com elementos da carta.

Saudação	Despedida

6. Qual é a reclamação feita na carta?

_____

_____

_____

7. O que demonstra que, apesar dos problemas ocorridos, Júlia pretende continuar assinando a revista?

_____

_____

_____

8. Que solicitações são feitas por Júlia?

_____

_____

_____

_____

MÓDULO 7

9. Que argumentos são utilizados por Júlia para justificar suas solicitações?

_____

_____

_____

10. Em sua opinião, as justificativas utilizadas por Júlia são suficientes para as solicitações que ela faz? Por quê?

_____

_____

_____

11. As cartas de reclamação podem ser enviadas pelo correio ou, como é mais comum hoje, por *e-mail*. Qual foi a forma escolhida por Júlia? Como você chegou a essa resposta?

_____

_____

_____

12. Relacione as situações a seguir aos possíveis contatos para envio de uma carta de reclamação.

Mudança de itinerário de uma linha de ônibus.	Secretaria de Trânsito
Falta de semáforo e de sinalização em uma avenida.	Secretaria de Transportes
Brinquedo com falta de peças, mesmo com a caixa lacrada.	Serviço de atendimento ao público da instituição de saúde
Atendimento ruim em um hospital.	Serviço de atendimento ao consumidor da empresa responsável

sessenta e cinco **65**

ESTUDO DA LÍNGUA

Vocativo

1. Releia este trecho da carta da seção *Leitura*.

> São Paulo, 25 de março de 2022.
> Ao serviço de atendimento da revista *Ciência e Companhia*.
> Prezados(as) senhores(as),

a) Como a autora da carta se dirigiu aos destinatários? Transcreva o trecho.

_____

b) Assinale a alternativa correta. Para se dirigir aos destinatários da carta, foi usado um:

☐ apelido
☐ vocativo
☐ chamativo
☐ cumprimento

c) Que sinal de pontuação aparece logo em seguida a esse trecho, separando-o do início da parte principal da carta?

_____

2. Utilize a vírgula corretamente nas frases abaixo.

> Renata eu gostei muito do gibi que você me emprestou!

> Que pena que você não vai viajar conosco Carlos.

> Olha só Amanda como você ficou bem nesse retrato!

3. Complete as frases a seguir com um vocativo. Não se esqueça de pontuá-las corretamente.

a) _____ aqui está o seu pedido.

b) Por favor _____ tente chegar mais cedo na próxima vez.

c) Que bom que você veio _____.

4. Leia as frases a seguir e sublinhe os vocativos.

a) Meus amigos, fiquei emocionado com a surpresa!

b) Crianças, não se esqueçam de dar comida para o Tuco.

c) Poxa, Lia, eu não sabia que você ia mudar de escola já neste semestre.

d) Vamos ao cinema mais tarde, Lucas?

5. Reescreva as frases da atividade anterior trocando a posição do vocativo. Não se esqueça de usar a vírgula corretamente.

a) _____

b) _____

c) _____

d) _____

sessenta e sete **67**

6. Assinale a(s) frase(s) em que o termo destacado é um vocativo:

a) ☐ Vamos ganhar esse jogo, **Brasil**!

b) ☐ **Curitiba**, 20 de maio de 2022.

c) ☐ No próximo sábado, **pai**, nós poderemos ir ao cinema, que tal?

d) ☐ Minha prima **Ana** chegou ontem de viagem.

e) ☐ **Ana**, a que horas você foi dormir ontem?

f) ☐ Coragem, **pessoal**, que vai dar tudo certo!

g) ☐ **Meus amigos** estiveram em São Carlos ontem.

h) ☐ Que tal passearmos hoje no parque, **Júlia**?

7. Leia a tirinha a seguir, com as personagens Tuta (tatu) e Mauro (minhoca), da série "Bichinhos de Jardim", da cartunista Clara Gomes.

Clara Gomes. Disponível em: https://bichinhosdejardim.com/descolorira-p2/.
Acesso em: 31 mar. 2022.

a) O que significa **descolorir**?
___

b) Para a personagem Mauro, por que o mundo descoloriu?
___
___

c) Associe a fala do último quadrinho à expressão da personagem Mauro.
___
___
___

d) Quais vocativos estão presentes na tirinha?
___

68 sessenta e oito

ESTUDO DA LÍNGUA

Palavras terminadas em -ez/-eza, -ês/-esa

1. Observe estas duas palavras.

   tristeza   certeza

   a) O que essas palavras têm em comum?
   _____

   b) Complete o quadro, formando palavras que terminam com **-ez** ou **-eza**.

Adjetivo	Substantivo
rico	riqueza
gentil	
nítido	

   c) Assinale a regra que justifica o uso de **-eza** ou **-ez** nas palavras formadas.
   - ☐ Palavras que indicam nacionalidade.
   - ☐ Palavras que indicam título de nobreza.
   - ☐ Substantivos formados de adjetivos.

2. Leia estas palavras em voz alta.

   holandês   duquesa   marquês   francesa

   a) O que elas têm em comum com as que você formou na atividade **1**?
   _____
   _____

   b) Indique a(s) regra(s) do uso de **-ês** ou **-esa** nas palavras acima.
   - ☐ Palavras que indicam nacionalidade.
   - ☐ Palavras que indicam título de nobreza.
   - ☐ Substantivos formados de adjetivos.

3. No diagrama a seguir, encontre quatro adjetivos e quatro substantivos.

S	A	F	W	A	I	C	L	A	R	O
T	D	R	G	H	I	L	G	C	D	R
B	R	A	V	E	Z	A	T	E	S	T
R	X	C	I	T	E	R	S	R	U	J
A	L	O	S	E	C	E	R	T	O	K
V	Q	H	E	O	R	Z	H	E	Z	A
O	P	Z	A	O	H	A	A	Z	E	M
H	F	R	A	Q	U	E	Z	A	Q	Q

Os substantivos que você encontrou no diagrama são derivados de adjetivos. Eles são formados pela adição dos sufixos:

☐ **-ês, -esa**. ☐ **-ez, -eza**.

4. Relacione os substantivos aos seus adjetivos correspondentes:

a) frieza

b) firmeza

c) pureza

d) estranheza

e) magreza

☐ puro

☐ estranho

☐ frio

☐ magro

☐ firme

5. Escolha dois substantivos da atividade anterior e forme uma frase com eles.

_____

_____

6. Complete as frases com palavras derivadas dos adjetivos entre parênteses.

a) Vamos fazer um mutirão de _____ nas praças do bairro. (limpo)

b) A menina admirou a _____ do mágico. (esperto)

c) Todos se encantam com a _____ e a _____ das plantas. (delicado, belo)

70 setenta

ESCRITA

Carta de reclamação

Agora, você vai escrever uma carta de reclamação como se fosse enviá-la pelo correio. Para isso, considere uma das seguintes situações:

- Você comprou um produto pela internet e algumas peças descritas na embalagem estão faltando.
- Há buracos grandes na calçada da escola que atrapalham a entrada e a saída dos estudantes.

Planejamento

1. Escolha uma dessas situações e escreva a sua carta de reclamação. Lembre-se de destinar a carta ao responsável ou à instituição correta e de inserir os seguintes elementos:
   - Cabeçalho com local e data da correspondência.
   - Saudação com vocativo se referindo aos destinatários (à pessoa ou instituição que receberá a carta).
   - O motivo da reclamação.
   - Argumentos que levaram à sua insatisfação.
   - Possível solução para o problema.
   - Despedida.
   - Sua assinatura.

2. Lembre-se de que cartas de reclamação são escritas em linguagem formal.

Escrita

1. Releia e revise seu texto.
   Verifique se todas as palavras estão escritas corretamente. Atente também para o uso adequado da vírgula após o vocativo. Se necessário, faça outros ajustes no texto.

2. Por fim, passe sua carta a limpo em uma folha avulsa e entregue-a para o professor.

MÓDULO 8

LEITURA

Artigo de divulgação científica

Os artigos de divulgação científica são, geralmente, publicados em jornais e revistas e servem para divulgar novas descobertas em diversas áreas, como Ciências, História, etc.

No artigo de divulgação científica a seguir, você vai conhecer uma nova fonte de energia, o **biodiesel**. Você já ouviu falar em biodiesel? Leia, abaixo, o artigo com informações sobre esse tipo de combustível e veja como toda a população pode se beneficiar dele.

Combustível diferente

Você acha que abastecer o carro com amendoins ou milho é coisa de *videogame*?

Acredite: isso não é brincadeira! Os cientistas estão descobrindo novas fontes de energia e usando óleos vegetais para fazer funcionar carros, tratores e máquinas nas indústrias.

O nome desse tipo de combustível é biodiesel.

Ele é produzido a partir de uma mistura de óleo diesel com óleo tirado de vegetais como soja, fruto de dendê, mamona, babaçu, amendoim, milho, girassol ou algodão, depois de passar por processos químicos.

Combustível: material que produz calor quando queimado e pode ser transformado em energia (para movimentar um carro, por exemplo).

Hoje o petróleo é uma das principais fontes de energia do mundo, mas as reservas desse material podem acabar. Já o biodiesel é uma fonte de energia renovável, ou seja, vem de fontes que não se esgotam. Além disso, óleos vegetais não têm enxofre, um dos principais causadores do efeito estufa, e seu uso é mais seguro para o planeta.

Mesmo com tantos pontos positivos, se o uso do biodiesel não for bem planejado, também pode afetar o ambiente. Pesquisadores estão preocupados, pois grandes áreas são desmatadas para dar espaço às plantações. Com isso, a vegetação original dessas áreas é destruída, afetando os animais, o clima e o equilíbrio da natureza.

Você sabia que...

[...]

- O Brasil compra petróleo de outros países? Com o biodiesel o país pode passar a vender combustível.
- Uma lei brasileira determina que, em alguns anos, o combustível usado por veículos de cargas tenha uma parte de biodiesel? [...]

Revista *Recreio*. São Paulo: Abril, ano 8, n. 388. p. 14, 2007.

72 setenta e dois

Estudo do texto

1. O texto "Combustível diferente" é:

☐ um conto.

☐ uma narrativa de aventura.

☐ um artigo de divulgação científica.

2. Esse texto é iniciado com uma pergunta. A quem ela se dirige?

_____

3. A função dessa pergunta é:

☐ fazer o leitor se aproximar do assunto do texto.

☐ mostrar que o texto é um jogo divertido.

4. Quais são os objetivos do artigo? Assinale as alternativas corretas.

☐ Explicar o que é biodiesel e divulgar que ele é produzido com óleos vegetais.

☐ Convencer as pessoas a usar biodiesel em vez de usar gasolina.

☐ Divulgar novas pesquisas sobre o combustível biodiesel.

☐ Abordar a produção de energia solar.

5. Releia o texto e responda às questões.

a) O que é biodiesel?

_____

_____

_____

b) Como o biodiesel é produzido?

_____

_____

_____

_____

6. Relacione cada informação retirada do artigo à fonte de energia (combustível) correspondente.

☐ Uma das principais fontes de energia no mundo.

| I | Petróleo

☐ Fonte de energia renovável, não se esgota.

| II | Biodiesel

☐ Fonte de energia que pode acabar.

7. O artigo cita alguns usos do biodiesel e do petróleo. Registre pelo menos uma desvantagem de cada um desses combustíveis.

Petróleo:

_____
_____
_____

Biodiesel:

_____
_____
_____

8. Observe a fotografia e crie uma legenda para ela, relacionando a imagem com o assunto tratado no artigo.

_____
_____
_____

9. Em sua opinião, o uso de biodiesel é uma boa alternativa para a preservação do meio ambiente? Por quê?

_____
_____
_____

ESTUDO DA LÍNGUA

Acentuação das paroxítonas

1. Leia o texto abaixo.

> **Você sabia que...**
>
> Antes do **zíper**, tudo era fechado com fileiras de botões ou fivelas?
>
> A ideia do zíper surgiu em 1893 – era uma engenhoca formada por um conjunto de ganchos fixos em argolas.
>
> O modelo atual foi criado em 1912 e ganhou esse nome em 1923, quando um **operário** americano reparou no barulhinho que o fecho deslizante faz quando se abre e se fecha.

Revista *Recreio*. São Paulo: Abril, ano 11, n. 569. p. 12, 2011.

a) Qual é o assunto principal do texto?

_____

_____

b) Observe as palavras destacadas no texto. Qual é a posição da sílaba tônica nessas palavras?

☐ Última sílaba. ☐ Penúltima sílaba. ☐ Antepenúltima sílaba.

c) Como são classificadas essas palavras em relação à tonicidade?

☐ Oxítonas. ☐ Paroxítonas. ☐ Proparoxítonas.

d) Copie do texto mais duas palavras com a mesma classificação quanto à localização da sílaba tônica.

_____

_____

- Agora, pinte de **verde** a sílaba tônica de cada paroxítona que você copiou.

e) Separe as sílabas da palavra **operário**: _____

- Como é chamado o encontro de vogais que há nessa palavra?

☐ Hiato. ☐ Ditongo.

setenta e cinco 75

2. Acentue as palavras a seguir, se necessário.

martelo	régua	fóssil	açúcar
órgão	vassoura	mártir	tabela
tênis	difícil	caneta	Vênus

3. De acordo com as cores indicadas, circule as palavras que você acentuou na atividade **2**.

🟧 Terminadas em **l** ou **r**.

🟩 Terminadas em **ditongo**.

🟦 Terminadas em **i(s)** ou **u(s)**.

4. Assinale a alternativa a seguir em que todas as palavras acentuadas são paroxítonas.

☐ vitória – próximo – café – remédio

☐ negócios – órfão – táxi – armário

☐ calendário – lógica – até – ágil

5. Leia a frase a seguir.

> A materia de que eu mais gosto é Matemática porque ela tem seus misterios.

a) Na frase que você leu, duas palavras não foram acentuadas. Encontre essas palavras e acentue-as corretamente. Em seguida, justifique por que elas são acentuadas.

_____

_____

b) Encontre na frase duas palavras paroxítonas que não são acentuadas.

_____

6. Crie uma frase em que apareçam ao menos duas palavras paroxítonas e acentue-as, se necessário.

_____

_____

7. Circule a sílaba tônica das palavras abaixo.

fá	cil		ser	pen	te
ba	na	na		a	çú	car

8. Assinale a alternativa que completa a frase de forma correta em relação à atividade anterior.

Tanto as palavras acentuadas como as não acentuadas são:

☐ oxítonas.

☐ paroxítonas.

☐ proparoxítonas.

9. Relacione as palavras às regras de acentuação.

☐ amável   **1** Paroxítona terminada em **n**.

☐ sótão   **2** Paroxítona terminada em **l**.

☐ lápis   **3** Paroxítona terminada em **ão** ou **ãos**.

☐ gérmen   **4** Paroxítona terminada em **i** ou **is**.

10. Em qual grupo de palavras abaixo **não** foram respeitadas as regras de acentuação das paroxítonas?

☐ agradável, grátis, mártir

☐ ímpar, órgão, réptil

☐ macáco, travéssa, pédra

☐ júri, vírus, sótão

11. Copie as palavras paroxítonas do quadro e acentue-as, se necessário.

> safari   canil   reptil   pobreza   calor
> lapis   principe   hifen   estudo   tunel   conflito

_____

_____

_____

setenta e sete **77**

ESTUDO DA LÍNGUA

Pontuação: uso da vírgula

1. Leia a resenha a seguir.

Gostinho de sonho

Tartaruga, elefante, girafa, zebra, leão, raposa, macaco e rato unem esforços para tentar alcançar a Lua e descobrir seu sabor. Mas o **satélite** deste livro tem uma artimanha para se **esquivar** dos esforços dos animais. Antes tivessem perguntado ao peixe, que sabia a resposta desde o começo.

Por que ler Com belas ilustrações, mostra como a poesia dá um gosto todo especial aos nossos desejos.

Sobre o autor Polonês, atualmente vive no Japão, onde faz trabalhos gráficos para várias publicações.

Qual o sabor da Lua?, Michael Grejniec, 32 págs., Ed. Brinque-Book.

Qual o sabor da Lua? Texto e ilustrações de Michael Grejniec. Tradução de José Feres Sabino. São Paulo: Brinque-Book, 2007.

Satélite: corpo celeste (como a Lua) que gira ao redor de um planeta.
Esquivar: fugir, escapar.

Revista *Nova Escola*. São Paulo: Abril, ano 23, n. 211. p. 116, 2008.

a) Sublinhe o trecho do texto em que a vírgula foi usada para revelar quem sabia como descobrir o sabor da Lua.

b) Relacione as frases e os itens a seguir, indicando qual é a função da vírgula em cada frase.

- [I] "Tartaruga, elefante, girafa, zebra, leão, raposa, macaco e rato unem esforços para tentar alcançar a Lua e descobrir seu sabor."
- [II] "Polonês, atualmente vive no Japão, onde faz trabalhos gráficos para várias publicações."
- [ ] Separar uma expressão que indica lugar.
- [ ] Separar itens organizados em uma sequência.

2. Leia as frases a seguir e insira as vírgulas que estão faltando.

a) Curitiba 15 de janeiro de 2015.

b) Rafael que estava na portaria tocou a campainha para entrar no prédio.

c) Papai foi ao supermercado e comprou arroz feijão filé de peixe e alface.

78 setenta e oito

MÓDULO 8

3. Complete cada frase a seguir com um vocativo. Não se esqueça de pontuar as frases corretamente.

a) _____ aqui está seu pedido.

b) Por favor _____ tente chegar mais cedo na próxima vez.

c) Que bom que você veio _____

4. Associe o uso da vírgula ao exemplo mostrado em cada frase.

- [I] Vírgula separando o vocativo.
- [II] Vírgula separando expressão de tempo.
- [III] Vírgula separando expressão de lugar.
- [IV] Vírgula separando termos de uma sequência.
- [V] Vírgula separando um aposto.

- [ ] Na cidade onde nasci, sempre havia um festival de cultura.
- [ ] Tarde da noite, comecei a assistir a um filme; acabei dormindo no fim.
- [ ] E ela, orgulhosa e emocionada, foi receber a medalha de melhor atleta!
- [ ] Pai, você viu onde deixei meu livro?
- [ ] Tênis, camisa, calça, blusa de frio... Já separei quase tudo que vou usar amanhã.

5. Leia um trecho da fábula *A cegonha e a raposa* e insira as oito vírgulas que estão faltando.

A cegonha e a raposa

Um dia a raposa que era amiga da cegonha convidou-a para jantar.

Mas preparou para a amiga uma porção de comidas moles líquidas que ela servia sobre uma pedra lisa.

Ora a cegonha com seu longo bico por mais que se esforçasse só conseguia bicar a comida machucando seu bico e não comendo nada.

[...]

Ruth Rocha. *Fábulas de Esopo*. São Paulo: Moderna, 2013. [Livro eletrônico]

setenta e nove 79

ESCRITA

Artigo de divulgação científica

Você já ouviu falar de **animais em risco de extinção**, isto é, em risco de deixar de existir no nosso planeta? Alguns deles são: o mico-leão-dourado, a baleia-azul, a anta e o lobo-guará.

Pesquise informações sobre um animal que esteja em risco de extinção e escreva um artigo científico sobre ele.

Lobo-guará.

Planejamento

1. Qual é o nome desse animal?
   _____

2. Como ele nasce? Quanto tempo vive? De que se alimenta?
   _____
   _____
   _____

3. Quais foram os motivos que levaram à diminuição da população desse animal?
   _____
   _____

4. O que institutos e pesquisadores estão fazendo para salvar esse animal?
   _____
   _____

Escrita

1. Agora é o momento de escrever seu texto com as informações obtidas na pesquisa.
2. Não se esqueça de dar um título a seu artigo.
3. Releia o texto e verifique se não há nada que precise ser alterado.
4. Por fim, ilustre ou cole imagens do animal que você escolheu.